Cornelia Haas · Ulrich Renz

Min aller fineste drøm

Mój najpiękniejszy sen

Tospråklig barnebok

med online lydbok og video

Oversettelse:

Werner Skalla, Jan Blomli, Petter Haaland Bergli (norsk)

Joanna Barbara Wallmann (polsk)

Lydbok og video:

www.sefa-bilingual.com/bonus

Gratis tilgang med passordet:

norsk: **BDNO2324**

polsk: **BDPL2521**

Lulu får ikke sove. Alle andre drømmer allerede – haien, elefanten, den lille musa, dragen, kenguruen, ridderen, apen, piloten. Og løveungen. Til og med bamsen kan nesten ikke holde øynene åpne ...

Du bamse, kan du ta meg med inn i drømmen din?

Lulu nie może zasnąć. Wszyscy inni już śnią – rekin, słoń, myszka, smok, kangur, rycerz, małpa, pilot. I lwiątko też. Misiowi także, już prawie oczy się zamykają ...

Misiu, zabierzesz mnie do twojego snu?

Og med det er Lulu allerede i bamsenes drømmeland. Bamsen fanger fisk i Tagayumisjøen. Og Lulu lurer på hvem som bor der oppe i trærne?

Når drømmen er over, vil Lulu oppleve enda mer. Bli med, vi skal hilse på haien! Hva drømmer han om?

I już jest Lulu w misiowej krainie snu. Miś łowi ryby w jeziorze Tagayumi. A Lulu dziwi się, kto mieszka tam w górze na drzewach?

Gdy sen się kończy, Lulu chce jeszcze więcej przeżyć. Chodź ze mną, odwiedzimy rekina! O czym on śni?

Haien leker sisten med fiskene. Endelig har han venner! Ingen er redde for de spisse tennene hans.

Når drømmen er over, vil Lulu oppleve enda mer. Bli med, vi skal hilse på elefanten! Hva drømmer han om?

Rekin bawi się z rybami w berka. Nareszcie ma przyjaciół! Nikt nie boi się
jego ostrych zębów.

Gdy sen się kończy, Lulu chce jeszcze więcej przeżyć. Chodź ze mną,
odwiedzimy słonia! O czym on śni?

Elefanten er lett som en fjær og kan fly! Snart lander han på skyene.
Når drømmen er over, vil Lulu oppleve enda mer. Bli med, vi skal hilse på
den lille musa! Hva drømmer hun om?

Słoń jest lekki jak piórko i umie latać! Zaraz wyląduje na niebiańskiej łące.
Gdy sen się kończy, Lulu chce jeszcze więcej przeżyć. Chodź ze mną,
odwiedzimy myszkę! O czym ona śni?

Den lille musa ser seg om på tivoli. Hun liker best berg- og dalbanen.
Når drømmen er over, vil Lulu oppleve enda mer. Bli med, vi skal hilse på
dragen! Hva drømmer han om?

Myszka przypatruje się wesołemu miasteczku. Najbardziej podoba jej się kolejka górska.

Gdy sen się kończy, Lulu chce jeszcze więcej przeżyć. Chodź ze mną, odwiedzimy smoka! O czym on śni?

Dragen er tørst etter å ha sprutet ild. Helst vil han drikke opp hele sjøen med brus.

Når drømmen er over, vil Lulu oppleve enda mer. Bli med, vi skal hilse på kenguruen! Hva drømmer han om?

Smok jest spragniony od ziania ogniem. Najchętniej wypiłby całe jezioro lemoniady.

Gdy sen się kończy, Lulu chce jeszcze więcej przeżyć. Chodź ze mną, odwiedzimy kangura! O czym on śni?

Kenguruen hopper gjennom godterifabrikken og stapper pungen sin full.
Enda flere av de blå dropsene! Og enda flere kjærlighet på pinne! Og
sjokolade!

Når drømmen er over, vil Lulu oppleve enda mer. Bli med, vi skal hilse på
ridderen! Hva drømmer han om?

Kangur skacze po fabryce słodyczy i napycha swoją torbę do pełna. Jeszcze więcej tych niebieskich cukierków! I jeszcze więcej lizaków! I czekolady! Gdy sen się kończy, Lulu chce jeszcze więcej przeżyć. Chodź ze mną, odwiedzimy rycerza! O czym on śni?

Ridderen er i kakekrig mot drømmeprinsessen sin. Oi! Kremkaken bommer!

Når drømmen er over, vil Lulu oppleve enda mer. Bli med, vi skal hilse på apen! Hva drømmer han om?

Rycerz i jego księżniczka toczą bitwę na torty. Och! Tort śmietankowy nie trafił do celu!

Gdy sen się kończy, Lulu chce jeszcze więcej przeżyć. Chodź ze mną, odwiedzimy małpę! O czym ona śni?

Endelig har snøen kommet til apelandet! Hele apegjengen er ute og gjør apestreker.

Når drømmen er over, vil Lulu oppleve enda mer. Bli med, vi skal hilse på piloten! I hvilken drøm har han landet?

Nareszcie spadł śnieg w krainie małp! Cała zgraja małp jest całkiem poza

sobą i urządza przedstawienie.

Gdy sen się kończy, Lulu chce jeszcze więcej przeżyć. Chodź ze mną,

odwiedzimy pilota! W jakim śnie on wylądował?

Piloten flyr og flyr. Til verdens ende, og videre helt til stjernene. Ingen pilot har klart dette før ham.

Når drømmen er over, er alle veldig trøtte og vil ikke oppleve så mye mer.

Men løveungen vil de likevel hilse på. Hva drømmer han om?

Pilot lata i lata. Aż na koniec świata i jeszcze dalej, aż do gwiazd. To, nie udało się jeszcze żadnemu innemu pilotowi.

Gdy sen się kończy, wszyscy są już bardzo zmęczeni i nie chce im się nic więcej przeżyć. Ale chcą jeszcze odwiedzić lwiątko. O czym ono śni?

Løveungen har hjemlengsel og vil tilbake til den varme, deilige senga si.
Det vil de andre også.

Og da begynner ...

Lwiątko tęskni za domem i chce wrócić do ciepłego, przytulnego łóżka.

I inni też.

I wtedy zaczyna się ...

... Lulus
aller fineste drøm.

... najpiękniejszy sen Lulu.

Forfatterne

Cornelia Haas ble født i nærheten av Augsburg (Tyskland) i 1972. Hun studerte design ved Høgskolen i Münster og avsluttet studiene med diplom. Siden 2001 har hun illustrert barne- og ungdomsbøker. Siden 2013 har hun undervist i akryl- og digitalt maleri ved Høgskolen i Münster.

Ulrich Renz ble født i Stuttgart (Tyskland) i 1960. Etter å ha studert fransk litteratur i Paris avsluttet han medisinstudiene i Lübeck og arbeidet som daglig leder i et vitenskapelig forlag. I dag er Renz forfatter. Utover fagbøker skriver han barne- og ungdomsbøker.

Liker du å tegne?

Her finner du alle bildene fra historien til å fargelegge:

www.sefa-bilingual.com/coloring

Sov godt, lille ulv

For barn fra 2 år

med online lydbok og video

Tim får ikke sove. Hans lille ulv har forsvunnet! Hadde han kanskje glemt ham ute? Helt alene går han ut i natten – og får uventet selskap...

Tilgjengelig på dine språk?

▶ Sjekk ut med vår „Språkveiviser":

www.sefa-bilingual.com/languages

Ulrich Renz · Marc Robitzky

De ville svanene
Dzikie łabędzie

Etter et eventyr av
Hans Christian Andersen

+ audio   + video

norsk   tospråklig   **polsk**

De ville svanene

Etter et eventyr av Hans Christian Andersen

For barn fra 4-5 år

„De ville svanene" av Hans Christian Andersen er ikke uten grunn en av verdens mest leste eventyr. I tidløs form gir han uttrykk for det som møter oss i våre liv: redsel, tapperhet, kjærlighet, forræderi, adskillelse og gjenforening.

Tilgjengelig på dine språk?

▶ Sjekk ut med vår „Språkveiviser":

www.sefa-bilingual.com/languages

© 2024 by Sefa Verlag Kirsten Bödeker, Lübeck, Germany

www.sefa-verlag.de

Special thanks for his IT support to our son, Paul Bödeker, Freiburg, Germany

ISBN: 9783739963518

www.ingramcontent.com/pod-product-compliance
Lightning Source LLC
Chambersburg PA
CBHW041442120626
46547CB00002B/318

* 9 7 8 3 7 3 9 9 6 3 5 1 8 *